제1시집

그리운 고향

박영춘 詩集

그리운 고향

초판인쇄 | 2017년 04월 30일
지은이 | 박영춘 **펴낸이** | 윤기영 **편집인** | 정설연
펴낸곳 | 도서출판 노트북 **등록** | 제305-2012-000048호
주소 | 서울시 동대문구 사가정로 256-4 나동 101호
전화 | 070-8887-8233 **팩스** | 02-844-5756 **H.P** | 010-8263-8233
이메일 | hdpoem55@hanmail.net

ISBN 978-89-92687-91-1-03810
정 가 10.000원

한국 현대시[韓國現代詩]
한국 현대 문학[韓國現代文學]

811.7-KDC6
895.715-DDC23 CIP2017007380

그리운 고향

도서출판 노트북

[박영춘시인 시골 풍경_전남 여수]

저자의 말

고향을 떠나 온지 오랜 세월이 흘렀는데 고향이 그리운 것은 동서고금을 막론하고 나이 탓이 아닐까? 가슴 한켠에 버려지지 않는 그리움은 동경의 대상이었습니다. 세월이 지나 뒤돌아보면 고향산천의 친구들은 보고 싶음의 대상입니다. 이 책을 읽는 독자가 조금이라도 공감의 감성이 생겼으면 하는 마음으로 문학에 입문했습니다. 문학인으로 작은 감성이라도 놓치지 않고 백지에 수채화를 그리듯 인화되어 보다 따뜻한 글 향기가 피어나도록 노력하며, 변질되지 않는 문학의 가치관을 배워가면서 후세에 작은 이름이라도 남기고 싶습니다.

2017년 4월

박영춘

1부. **그리운 고향**

2부. **새벽 수채화**

1부. 그리운 고향

아버지

인고에 찢어진 그리움은
이슬과 함께 젖어가는 깊은 밤
달빛은 멀리 가버린 옛날을
구름 뒤에서 잠 깨우고

기억의 저편 소리 없는
울먹임에 젖어가는 그리움
세월에 취한 나의 그림자

당신은 영원을 짊어지고
거센 바람 눈보라에도 잊지 못해
나의 등 뒤에서 보일 듯 애태우며
살며시 찾아오는 그리운 아버지

목 터지게 부르고 싶었던
나의 아버지
떠날 듯 다시 찾아와
안개같이 왔다가 흔적 없이 사라지는
그리운 아버지를 부르고 불러봅니다

석양빛은 메아리 되어 찾아오고
일렁이는 바람에 아버지 목소리가
거친 파도를 헤치고
그립고 허기진 가슴에
그리움으로 더하고 더해만 가네.

그리운 고향

눈 감으면 어머니 품속 같은 고향이
한 폭의 그림으로
가슴속에서 아롱거리며 피어오른다

증기기관차가 기적을 울리고
하얀 숨을 내뿜으며 산모퉁이를 지나오면
시골 아낙네 손길이 바쁘고

역장은 손님이 다 탔는지 앞뒤를 보고
초록색 깃발을 흔들면 하얀 숨을 토해내며
산굽이를 돌아가는 고향역 풍경이 그리워진다

이맘때쯤이면 학교 수업을 마치고 집에 오면
친구들 모여서 벼수확 끝난 논에서
새끼줄 뭉친 공으로 공차기하는 것이
즐거움으로 남아있고

죽림은 고향을 품어 안듯이
고향마을을 빙 둘러싸고 있는
그림 같은 고향 풍경은

지금도 여전히 생생하게
그 시절을 불러온다

지금은 여천역으로 개명되었지만
고향 자그마한 간이 쌍봉역은
향기 짙은 내 고향
청사진으로 가슴속에 인화되어
그리움으로 고개를 치켜든다.

간절한 기도

병원 휴게실 의자에 앉아있다
앞 의자에 고개 숙인 그 사람은
말이 없지만 수술실 출입문만 주시하는
근심어린 남자는 말하지 않아도
회복실 모니터에
이름 떠오르는 것만 기다리는
수척해 보이는 아가씨
말 없어도 울 엄마 수술 잘 되었으면
울 남편 수술 잘 되었으면
울 언니 아무일 없어야 될 텐데
기다림도 애원의 기도도
시간이 달음박질쳐주길
그 시간은 안도의 한숨
기도의 열매로 돌아오길 기다리는
우리의 바람이어라.

가슴 깊은 곳에서

푸른 세상에 처음 발을 딛고서니
아름다운 고운꽃 두 송이 가슴에 안기네

청노루귀 가슴 벅찬 심장에 고동소리
촌음에 오가던 정을 내민 세월은
거울 속 내 모습이 푸른 하늘 구름 되어

만상이 바라보는 늙은 노루구나
미모를 내품던 그림 같은 꽃님들
북풍에 고개를 외면하는 구나

푸른 세상은 그대로인데
너만이 홀로 등 내미느냐
북풍에 고개 돌린 무심한 꽃이여
꽃보다 고운 정으로 돌아오라.

그리운 시절

허전한 가슴에
한 송이 백합화로 살며시 찾아오고
그대의 눈망울이 이슬같이
영롱한 슬픔으로 젖어
내 가슴에 내려와 안긴다

창문 밖에는
아직도
그대의 온기가 식지 않은 채
말라버린 가슴에
이슬비로 촉촉이 젖어오고
그대가 떠나고 없는 자리에는
그대의 정다운 속삭임이
아지랑이 되어 귓전에 소곤댄다

지금은 어디에서 살고 있는지
그대도 이젠 세월의 흐름 속에
고왔던 얼굴은 세월의 나이테를
밀어내지 못하고 걸어갈까

외로운 가로등 밑에는
금빛 계절을 밀어내고
쌓여가는 낙엽을 보며
그대를 향한 소리 없는 외침으로
해 저문 창공에 한번만이라도
사랑이 꽃피던 시절로 돌려다오
외쳐보지만
부는 바람은 무심하게
쓸쓸한 허무를 안겨주네.

그리운 옛날

국민학교시절
수업이 종료되기가 바쁘게
책 보따리 허리에 차고
검정고무신에 비포장도로로
오리 길을 뛰어
등교 길에 감추어둔
생고구마를 꺼내어 먹던 생각

구슬치기하다
해지는 줄 모르고 놀던 일
집쥐가 많았던 시절
쥐덫에 걸린 쥐에
석유를 부어 불 지르다
빈 볏단에 불냈던 일
비포장도로에서 달리는 트럭 뒤에
매달려 가다가
떨어져 다쳤던 생각

여름에는 밭 언덕 땅벌 집에
볏단에 불 붙여 놓고

벌거숭이로 둠벙에 뛰어들던 생각
가을에는 맨손으로 메뚜기 잡다가
논두렁에서 미끄러져 둠벙에 빠졌던 일

어린 철부지로 커나갈 때에
옛 사진이 고개를 쳐든다
그저 마냥 좋기 만한 그 시절은
잠시나마 늙음을 젊음으로 바꿔주는
행복한 시간으로

나도 모르게 얼굴에는 미소가
마음엔 철부지 어린이로 바꿔주는
묘한 행복에 젖어본다
아, 가버리고 없는
돌아 갈수도 없는 옛 시절에 가고파라.

기다림

흰서리가 달빛안고 대지위에 내려서니
꽃내음 앞세운 햇살 앞에 눈물지고
색동옷 봄 처녀 망울진 가지에는
봄소식 입에 물고 이 나무 저가지로
포르릉 찌르륵 새소리 요란하네

어제는 먹구름에 백설이 분분 하더니
오늘은 고개 넘어 남쪽소식 찾아오네
백매 홍매 앞 다투어 벌 나비 수소문하고
응달진 바위 뒤에 숨어 지낸 백설은
햇살이 전해준 봄소식에 눈물지네

어둠속에 날개 접은 파랑새의 기다림은
졸졸졸 실개천 여울 속에 깨어나고
포르릉 날개에 남쪽소식 듬뿍 담아
퍼렇게 멍들어버린 그리움을 토닥이네.

그리움은 빗물 되어

졸졸졸 추억이 흐르는 실개천이
어느 시인의 시귀처럼 가슴에 흐릅니다

아, 그대를 향한 그리움은
이렇게 추적대며 비 내리는 날이면
살며시 애수에 젖어있는 내 가슴을 파고듭니다

외로움을 달래는 샹송이
비오는 길거리에 번져 가면
폭포수에 피어오르는 무지개처럼
그리움은 날개를 펴고
그대를 그리워하는 마음의 편지를
라일락 짙은 향기로 그대 있는
창가에 놓고 갑니다

그리움에 지쳐있는 소리 없는 아픔은
뚝 뚝 떨어지는 낙숫물 되어
그대 있는 해변으로 달려갑니다
그대는 아는가 추억이 흐르는 이 가슴을
꺼져가는 사랑의 숨결 소리를...

그리움

안개처럼 피어오른다
곁에 없어도 짙은 향수 내음이 난다
방긋이 웃어주는 얼굴이 앞에 와있네
말은 없어도 다정한 목소리는 귓가를 맴돈다

저 멀리 아득히 보일 듯 파란 산 너머
강 건너 흘러가는 저 구름너머
어디서 무엇을 하고 있을까
흘러가는 구름을 보며
그리움은 가슴 한구석에서
요동치고 함성을 질러댄다
보이지 않는 그 사람에게
구름위에 사연적어 보내본다
꿈에서라도 보면 쌓이고 쌓인
이야기보따리 풀어볼 텐데

아, 아름답던 추억은 세월 저쪽에서
동영상처럼 다가와 목마른 나에게
갈증을 풀어주네

눈을 뜨면서 현실은 망각을 건네주는
시간을 저주해본다

그래도 보이지 않는 거울은
나를 보라 다그친다
멀리서 손짓하는 보고 싶은 얼굴.

논개의 노래

터질듯 억누르고 살아온 세월 뒤에
애절한 생명이 꿈틀댄다
실개천 흐르는 맑은 물은
모두를 만나는 대해가 그립다네

향기는 빗물 되어 녹아 흘렀고
한 서린 백의 저고리 속에
애닯은 무궁화 한 송이
보라빛 강인한 송이마다 한숨 감추고
수렁에 빠진 님을 찾는다네

달빛 싣고 흐르는 말없는 남강은
동백꽃보다 더 붉은 애국열을 불러오네
선구자 가슴깊이 타오르는 애국정신
한이 서린 붉은 핏물 촉석루에 송죽 되어
유유히 흘러가는 남강에 전하네

무궁화 향기 짙은 텃밭에
낯선 손님 들어와
애써 가꾼 무궁화 백의 터전

짓이겨버린 백색 저고리
원한 이슬 방울방울 가지마다 맺히고
가슴속에 숨죽인 아우성은
아리랑 되어 흘러가네.

다정한 속삭임

누군가 내게 속삭인다
세월이 너무 빨리 지나는 구나
네 뒤를 돌아보아라 18세 청소년 시절
세상에 무서운 것 없이 네팔 활짝 펴고
거칠던 삶의 시절 기운도 기개도
천하제일 같이 지내온 시절이
생각나지 않느냐 이제 너 나이 얼마냐
육십이 넘은지도 일곱 해가 되지 않았느냐
너는 세상에 너 이름으로 해놓은 것이
무엇이 있느냐
훨훨 나는 까치가 이렇게 이야기한다
나같이 길조라는 예명이나 붙어 있느냐
백의 벗을 줄 모르는 백학이 말한다
까마귀와 비교되는 나처럼 밝고 맑게 살라하네
흐르는 강물이 속삭이네
만인을 위해 마실 물과 베풂을 주었느냐
흘러가는 구름이 이르네
목마른 대지에 해갈을 주고
높이 떠서 멀라보고 철따라 적지 적소에
공평을 주라하네

하루도 틀림없는 태양이 말하네
변함없는 사랑을 나에게 배우라하네
바보같이 살았구나 철학의 제자는
자연 속에서 고개 숙인다.

봄소식

산 그림자를 품에 안고
말없이 흘러가는 저 강물은
해가 수만 번 바뀌도록 말 못할
뭇 사연을 보면서
입을 꼭 다문 채 아무 말 없이
억겁의 세월을 유유히 흐르는데

깊은 밤 초롱한 별빛가리며 평온을 짓밟고
세상이 돌아가는 물레방아의 순리를 막고
먹구름으로 별들의 찬란한 광채를 막아버리는
당금의 세속이여

침묵은 가슴앓이에 힘겨워 흐르고 흘러가다
폭포수 되어 목 터지게 외치며
가슴에 맺힌 앙금을 씻어내는구나

허공에는 때 묻은 세상 말들이 난무하고
대궐 앞에는 몸을 태우는 촛불 행렬이
시각을 혼미하게 하는데 눈부시도록 밝은 태양은
서산을 넘도록 묵묵히 보고 있네.

보슬비

까만 밤이 몇 번씩 자고가면서
흔하디흔한 남쪽소식 한번 주지 않고

길 건너 개 짖는 소리가
언덕배기 진달래 꽃망울에 젖어들면
고개 너머 실개천에
흐르는 물소리가 정겨워
보슬대는 봄비 걸음마는
개나리 울타리에 아장거리네

긴 밤을 달려온 초승달이 만월 되면
복사꽃 살구꽃 망울 찾아 간지럼주려
까만 밤을 몇 번이고 손꼽아 기다렸구나

추적대며 이슬거리는 봄처녀 우산 없이
추녀 끝에 내려서는 날 뜰 앞에 목련이 반겨
손님 맞으려 잠자던 백합화 새움을
초록으로 불러 흙을 밀어 올리네.

봄이 오는 소리

새벽안개 속 산책하는 발길이 상쾌함으로
오늘을 열면 찌르르 찌륵찌륵
숲길 산책로에 반가운 새소리 멜로디가
고개 넘어 노란 개나리 봄을 부르네

분분하던 백설은 적막 속에 낙엽이 삼키고
햇살이 머물고 간 뒤 고양이놈 찾아와서
네다리 이리저리 뒹굴다가 살금살금 나목 뒤
봄이 오는 소리 들으려 두 귀를 쫑긋 세운다

봄의 전령 노란 개나리가 울타리에 봄을 뿌리면
남새밭 배추이랑에는 지난 가을 배추 이삭이
이불 뒤집어쓰고 냉이 씀바귀 봄나물은
동장군 지나간 뒤 바스러진 흙을 밀어내는
봄맞이 운동 한창이네

추위 속에 웅크리던 남새밭 울타리엔
담장 넘어 쏟아내는 노란햇살 웃음이 춤추는
동네 어귀를 찾아드는
따사롭고 정겨운 우리 동네 풍경화다.

새벽 풍경

어둠은 새벽에 떠밀려
서서히 여명으로 밝아지는 산자락에
이른 새벽을 쫓아 산책에 나선 까만 그림자들
가파른 산책로에 발길들이 분분히 떠다닌다

뼈만 앙상하게 말라붙은
까만 아카시아 나뭇가지에
샛별이 파르르 떨며 걸려있다
밝아오는 여명을 모른 채
은빛가루를 산위에다 뿌린다
서슬이 푸른 소나무는 바늘잎 곧 세우고
맑은 새벽바람에 내어 맡긴다

오고 가는 발길과 살아온 소나무는
은빛 가로등 불빛을 밤새안고 자다가
동녘에 여명이 내미는 줄 모르고
아직 잠에서 깨어나지 않는다

문학산의 하루는 이렇게 문을 열어
행복한 하루의 시작을 알린다.

어머니의 생애

꽃같이 젊은 시절
가정이란 굴레에 갇혀 살다
온갖 시련 가슴에 묻어두고
눈물 바구니 몰래 감추며 살아온 세월

자녀들 장성토록 살점을 아끼지 않고
자나 깨나 아낌없이 모든 걸 다주고
육신이 기력 쇠하니
천천히 외로운 길을 준비하네

왜 몰랐던가
고귀하고 장엄하신 어머니의 희생을
그 어디에 비교하리
아, 무심한 세월이여
다시 그 시절로 돌아갈 수 없는
애닯은 현실을 어디에 하소연 할까

어머니, 우리 어머니
객지에 있는 불효자가
가슴 아파 부릅니다.

어머니와 나무

눈보라 홍수를 손가락으로 헤아리고
강산이 바뀌도록 척박한 곳에 뿌리내려
태풍도 눈비도 손님처럼 받아들여
부러지고 찢겨지고 온갖 상처 부스럼이
훈장처럼 자국 남아 만상을 지배하는
거목되어 장엄하네

이리 저리 기운 뿌려 활갯짓 뻗은 가지
팔방에 청록이 광태풍이 피해가고
사철이 찾아오니 새들에게 둥지 내어 오가는
나그네 쉼터 되니 기쁘네

대대손손 베풂이 아름답게 빛나고
팔방으로 뻗은 가지 위용이 상서롭고
향기와 열매가 강산을 지배하네.

작은 행복

퇴근길 정류장 옆 침샘을 자극하는
먹거리 음식점은 오가는 손님들
드나드는 참새방앗간
직장생활 스트레스에 찌들고 멍든 가슴
주고받는 이야기에 한 잔 술로 달래본다

오늘은 오늘 종식하고
내일을 맞기 위해 버리고 가는 방앗간
이곳이 있기에 잃어버린 웃음이 찾아들고
밝은 내일이 하이웨이로 열어준다

귀가하는 길목에는 장난감 자동차가
귀염둥이 민석이놈 작은 선물로 유혹한다

E.V실문이 열리고 현관에 들어서면
아빠하며 뛰어와 안기는 막둥이 민기녀석
밥숟가락 놓고 나면 재롱 피우는
아들 녀석 뒤로하고
꿈나라 여행에 몸을 던진다.

상처 난 추억

비가 내린다 후드득 뚝뚝
꽃 속에 취해서 향기에 취해서

겉옷 속옷 흠뻑 젖는 줄 몰랐네
구름을 걷어낸 햇님이
하늘은 파란색으로 선명하게 펼치네

갑자기 몸이 으스스
감기 손님이 찾아와서
이보게나 꽃구경을 해도 되지만
거기에 취하지는 마시오

비를 뿌린 구름은 먼 산 위에서
독백을 뿌리고 사라져간다
적막한 시간이 창가에 흐르고

짙은 향에 손짓 윙크도 별빛 속에 묻혀
비틀대는 나를 조롱 하는구나
붉은색 동백화는 낙화에 이슬 젖고
라일락 짙은 향이 지팡이를 건네준다.

밤이 지나면

이렇게 비가 오는 겨울날
어색하게 우의를 뒤집어쓰고
눈물 흘리는 청기와 처마 밑에
눈물이 마른 백학이
날개를 접었다

푸르고 높은 하늘에서
백설을 뿌렸지만
지상의 더운 기운에
하얀 눈이 녹아내리고
장안 거리마다 몸을 사르는
불빛으로 장사진이네

어느 때 오려나
어두운 강산에 검은 옷 벗어버리고
하얀 눈으로 포근히 덮어
까치소리가 가가호호(家家戶戶)마다
환한 웃음으로 화장하고
밝은 해를 마중할까.

세월

바쁘게도 달려 쫓아 따라가는
내가 숨차고 힘들구나

세월 종착역
이정표를 알기나 한 건지
숨 한번 편하게 돌려 쉬지 못한 채
해님 따라 달님 따라 앞만 보고 달리는
너를 멱살 잡고 하소연을 펼친다

머리는 서리 내리고 얼굴에는
거칠고 골 깊은 주름에 손발기력 다 빼앗더니
끌고 당기며 묵묵히 가는구나
돌아오지 못할 길로 쉼 없이 가는구나

뒤돌아보니 걸어온 길 아득하여 보이지 않고
앞서가며 오라하는 너를 증오하노라
앞서가는 세월아 나 이제는 따라오는 세월잡고
막걸리 한잔에 껄껄웃음 안주삼아
동행 나그네 불러놓고
인생무상 시한수로 쿡 찍어 나눠 마시고 가련다.

아침을 잊은 인생

눈을 조용히 감고
창고에 쌓아 놓은
세월을 달아보니
백 근이 수평인데

곡식 창고를 열고
열매를 벗겨보니
잘 익은 열매가
한 근이 못 미치는구나

어찌하랴
정신창고 문지기는
잠자는데 취해 있는데
깨어보니 해는 서산에 걸려있네.

애닮은 고백

태양이 온종일 낮달하고 노닐다
붉은 노을 이고지고 석양 산마루에 걸쳐 앉아
저만치 낮달에 얘기한다
청순을 가득 바른 장미 꽃봉오리여
담장을 넘어다보며 벌 나비를 불러보라
오수에 꿈같이 삼복더위 얼음처럼
사라질 너의 운명 어느 때 님을 만나
고운열매 맺으려나 온종일 밝음으로
기회를 주었는데
산마루에 걸쳐 앉은 해님이
안타까운 사연을 달님에게 전해준다
달님이여 이 밤에는 간절한 사랑을
달빛으로 감싸서 활짝 피게 하소서.

인생 앨범

먼 세월 뒤에서 나를 보고 웃고있네
청운을 무지개로 아름답게 수놓더니
나를 앨범 속에 깊이 잠재우고 그리웠나

빛바랜 흑백사진 추억을 짊어진 채
흥국사 대웅전 앞 청도관 수련생 속에
알알이 들어오는 친구들이 생각난다

벽에 걸린 거울이 나이테를 보라한다
멀리 와버린 인생 쉼터엔 지워지지 않는
아름다운 자국만이 거울 속에 이슬이 맺히네.

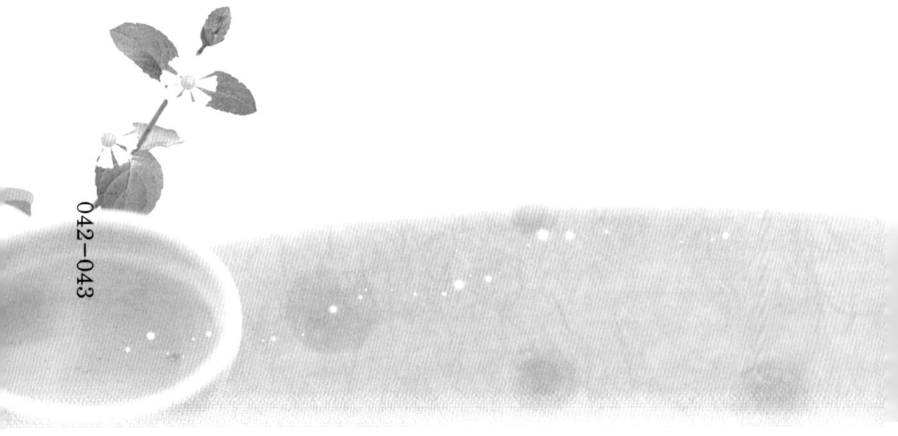

시들지 않는 꽃

내 인생에 영원한 친구여
혹독한 삭풍을 맞서며
갈 길을 묵묵히 가는 당신

동창이 밝기 전
손자 보려 두툼한 점퍼에
발길이 붕뜬다

지난날 화초에 흠집을 내었지만
함구 미덕으로 감추고
자생에서 생기는 향기마저 감춘 채
묵묵히 여기까지 동행 하여준
아름답고 향기로운 꽃이여

거칠은 눈비에도 입은 옷 색갈이
송죽같이 변함없는 친구
당신이 있어서 행복했네

내일도 여전히 아침 해가 뜰 거야
사랑의 에너지를 생산하기 위하여.

외갓집 가는 길

소슬바람 부는 황토길
꼬부랑 야산 등을 넘어
솔향기 새소리에
상쾌함을 듬뿍 담고
외갓집 가는 길

실개천 돌다리를 지나
논두렁길을 따라가면
참새떼 후루룩 후르륵대고
노란 물결 출렁이는 논길을 지나
훌쩍 큰 소나무 몇 그루 서 있는
언덕배기를 넘어서면
금방이라도 버선발로 뛰어나올
외할머니를 생각하며
기쁨을 가슴에 담고
대사립을 열면

워따! 우리 손주 오는가
반겨주던 외할머니
자상하게 이것저것 챙겨주던
예쁜 셋째이모님

심심하지 하면서
시누대로 방패연 만들어주던 외삼촌
마당가에 주렁주렁 매달린 단감도 따주고
논길을 따라 내려가서
붕어 잉어 낚시도 가르쳐주던 외삼촌

외갓집에 어린 추억은
지금도 가슴속에
추억의 앨범으로
내 어린 시절을 보여준다.

너와 나

예쁘고 고운 옷 갈아입더니
친구들 모여 사는 안식의 세계를 가려나

계절을 바꾸려는 야속한 찬바람은
머물고 있는 곳에서 애써 등을 떠미는 구나

오가는 사람들은 무심히 제 갈 길로 가는데
허무함이 무겁게 덮이는 것은
너와 나뿐 이랴만

강건한 모습으로 태풍도 이겼는데
푸른 옷 그 시절이 그립기만 하구나.

님이 오는 소리

한가한 정오 사찰가 담장위에 살며시
봄을 뿌리고 적막은 풍경소리를 붙잡아 매고
아장걸음 실바람이
동자승 바짓가랑이에 매달려간다

기왓장 담벼락아래 민들레 꽃봉오리는
노란햇살 실바람과 오수를 즐기다가
담벼락이 토해놓은 그림자에게 내어주고
수줍은 봉오리 소복으로 감추고
아지랑이 실바람 따라 봄 마중 나가네

졸졸 실개천 버들가지에 은빛방울
영롱하게 매달고 속절없이 눈물짓는 너를 불러
봄이 잠자는 주막에 걸터앉아
소복 옷이 다 젖도록
술잔에 봄을 채워 취하도록 마시련다.

소식

기나긴 터널 속에서 웅크림이 그 얼마던가
전봇대 휘파람 소리에 깃털 추스르고
누런 억새밭에 둥지 틀고 뽀얀 햇살 그리면서
아지랑이 솜털바람 봄 처녀 기다림

경칩 지나 춘분은 언제 오려는가
잔디밭에 숨어 지낸 민들레가 한숨지네
수줍은 봄 처녀 종달새 울음 그리운데
잔설은 음지에서 기세가 등등하다

사푼히 다가오는 실버들 개천에
은빛얼음 덮어 녹이는 입춘이 전한다
우수 경칩이 다가서며

잠이 덜 깬 개구리에게
기상준비 하라며 메시지를 띄우고
양지바른 밭 언덕에 쑥 잎은 수줍은 듯
잔디 사이로 고개 내밀고 봄소식을 보여주네.

세월의 심장소리

우중충한 날씨에
차가운 바람이 노오랗게
아름다운 잎사귀를 후려치며
한 올씩 알몸으로 바꾸어 가는구나

하나 둘씩 있던 곳에서 어디론가 사라지고
지난날의 화려함이 가지마다 영글어 춤출 텐데
지금은 아무도 없는 산자락 어귀에
나 홀로 서 있네
유가 무를 찾아갈 줄을
진리가 알려주는구나

심장의 박동소리가 약해지니 여지없이 동장군이
험한 세월 거두어 어린이 밝은 진리를
우중충한 날씨 색동옷 한아름 뒤에
어린새싹 춘절로 말끔히 바꾸려
삭풍을 준비하는구나.

송구영신

까만 밤을 이슬로 덮고
묵묵히 서 있네
애가 터져 녹아내리도록
그 자리에 서 있네

발길들이 모인다
열, 스물, 백 그리고
그 마음에는 의지로 굳은 다짐과
말라버린 눈물 뒤에
원망도 절망도 슬픔도
14년의 망년으로 훨훨 날려 보내고 모여
잿빛 새벽을 지나
하얀 아침을 기다리네

우렁찬 함성이 산을 깨우고
바다를 깨우고
잠자는 태극을 깨운다
붉은 불기둥이 염원함을 열고
만인 만색을 함성 속에 담는다

비틀거리는 선장
자력을 잃은 나침반
갈팡대던 선원들
모두 비상한 각오로 을미년을 마중하세

엄청난 힘과 염원을 가지고
천천히 비상하는 붉은 기둥
장엄한 15년 우리들의 아픔을
살맛나는 환희로 바꾸고
우리 모두가 아리랑으로 화합되어
위대한 태극으로 바꿔 그리세
원단의 상서로움이 강산에 내리고
방방곡곡에 굽이쳐라.

아름다운 추억

산 넘고 강 건너
아득히 가버린 님이여

무정으로 가면을 쓰고
훌쩍 날아가 버린 새처럼

여운이 내 영혼 속에 찾아들어
솜이불처럼 따스한 속삭임들이
고개를 들어 올립니다

그대가
지나간 발자국이 깊어
눈비 창수가 지나도 지워지지 않고
더욱 투명하게 다가오는
아름다운 추억이 퇴색되지 않는 까닭은
그대가 수놓은 순수하고 아름다운
사랑을 그려놓은 사진으로 인화되어
가슴속에 정자를 짓고
찾아가는 추억의 쉼터가 되어서 일까요

님은 어디에 살고 있는지
심장 깊은데서 가슴앓이로
그리움의 수렁 속으로 빠져듭니다

파도가 넘실대는 머나먼 남도 바다에
옛 님을 찾아가는 내 영혼이여.

섬에 핀 꽃

푸른 물결이 일렁이는 청정바다
낙도에 아름다운 옛이야기가
시골집 굴뚝에 낙조와 함께
모락모락 피어오른다
그리움을 그리는 마음이 그곳에 가있네
분홍빛 무지개꿈이 영글어가네

내 마음을 가져간 보름달처럼
해맑고 환한 미소는
눈감으면 파도소리와 함께 그곳에 있다
그리움을 찾아가는 마음은
한 마리 야조가 되어
검은 조약돌 모여 있는 그곳에 가있네

파도소리에 수줍음 실어
주고받는 이야기를 달님이 엿듣다가
구름 속에 숨어버리네
만남 그리고 아픔을 안겨준 작별
똑딱선 난간에서 아픈 가슴에다
멀리 사라져가는 님을 담네

분홍빛 무지개꿈이 영글어가고
오고 가는 파도에는
고운 꿈 고이접어
님에게로 띄어 보내고 싶은 것은
섬 아가씨 아픈 가슴에 세레나데가 되어
멀어져가는 똑딱선에 장승이 된다
가슴 아픈 노래 소리는 파도가 눈물 되어
멀어져간 님을 보며
검은 조약돌이준 추억의 노래이어라.

바람처럼 구름처럼

푸른 창공에 유유히 떠가는 저 구름은
어디서 와서 어디로 가는가
세상 곳곳 모두 살피고 구석구석 구경하며
가다가 허리다리 아프면
산마루에 쉬어가며 모든 것 비우고
부귀공명 헛되는구나
세상일 모아서 붉은 석양 노을에
훨훨 태워버리고
길가에 잡초처럼 부는 바람에 내 몸 맡겨
그 몸 내어주는 소박하고 편한 마음으로
이웃구름 어깨동무 등도 긁어주며
한줌 햇살이라도 나눠가지며
다정을 나누며 행복을 빌어주는
세상 유랑객으로 살았으면 좋겠네
자신을 다스리는 능력을 원망하랴
어두운 마음 눈물 적셔
대나무 빨랫줄에 널어 말리고
밝은 달밤 지붕위에 하얀 박꽃처럼
소박하고 맑은 마음 되어
별님들 모여 사는 동네에 사슴 되어
천 년 만년 살고 싶네.

고운 추억

고운 웃음 송이송이
가슴에 뿌려주고

정겨운 이야기는
옥구슬이 굴러가네

잡힐 듯 아득한
배꽃마을 고운 향기

무심한 강물은
말없이 흐르고

그리움을 구슬 꿰어
구름 위에 소식 띄어

아픈 상처 들창가에
고이 걸어 두니

아플 때 한두 알
가슴에 담고 달래소서.

마음이 따뜻한 사람들

만남이 가버린 뒤 조용히 밀려오는
가버리고 없는 그 사람의 온기가
지난 시간을 불러온다

느낌이 따사로운 마음
무언가는 모르지만 자력의 힘이
자꾸 그 사람에게 끌리듯 생각나게 한다

햇살처럼 따사롭고 김이 모락모락 날듯
이야기마다 정겨움이 피어나는 사람
그 사람이 살아가는 모든 사람들에게
보이지 않는 엔돌핀을 생산케 하는
힘을 주는 거라 믿는다

만인 만상 이라고 했던가
사람마다 그 얼굴이 다르듯이
그 마음도 색깔이 다르다
보석처럼 보이는 마음도 진실이 없으면
쓰레기와 같은 것
색갈이 화려하지 않아도

진실이 숨 쉬는 그림이라면
따뜻함이 전해주는 화로같이
추위에 떨고 있는 사람들에게
포근한 행복을 주리라 생각한다
따뜻함을 갈망하는 사람들에게.

날개 없는 봉황

새벽의 서기를 받고
축복의 꽃이 피었는데

복주머니 낡아지는 줄 모르고
색동저고리에 미소가
동장군 삭풍에 휘날리네

부는 바람 매서움이
칼날 같은데
청기와 골 위엄은 눈 녹듯 하네

세파에 일엽편주
동아줄이 아쉽구나

백일 붉은 꽃은 부는 바람에 떨어지고
십일 낙화로구나
이 밤이여 속히 지나 가소서.

아픔

개나리꽃 봉오리가 맺히고 피기까지
산책길에 보름도 넘게 너를 지켜본다

어느 날 아침 마침내 노란
얼굴을 내밀어 반가웠는데
가냘픈 네 신음을 들었노라

물끄러미 바라보니 네 몸의 꺾인 상처와
간밤 무서리에 감기까지 찾아와
고운 네 얼굴은 이슬로 덮었구나

며칠 후 따스한 봄날 나를 보러와요 전한다
환한 함박웃음을 당신께 드릴게요
아픔을 감추고 웃고 있는 너를 본다

무지한 사람들 어린 가지에 상처를
바람막이 약 한 첩도 못해주니 미안하구나.

신의 솜씨

초록은 졸졸 계곡물 속에
싱그럽게 유영하고

살랑바람에 아카시아꽃향기는
상춘객 코끝을 상쾌함으로 휠휠 거린다

산책로 오가는 발길은
초록을 이고 있는 산등성이 히뜩거리고

동료들 상쾌함이 이야기 따라 날개 편다
우주의 신비를 철따라 베푸는

조물주 하나님께 감사하는 은혜가
초록 잎사귀마다 살랑댄다

이렇게 맑은 냄새가
헝클어진 내속에서
밝고 맑게 씻어준다.

뒤돌아보니

산을 보니 청산(靑山)이요
강을 보니 유수(流水)로되
모습은 유구(有舊)하고 산등에 업혀서
천년을 함구(緘口)로 지내온
거암(巨岩)도 그러한데

살아온 길 뒤돌아보니 거암이 부럽고
청송(靑松)이 교훈 되네
백년을 무동무색(無動無色)으로
천년을 지새워도 너의 모습 그대로 인데

청운몽(靑雲夢)을 그려보는
우리 인생 가련하구나
세월이 줄달음치는 초로 같은 인생

자연이 가르치니 황혼에 스승 만난들
탄식이 앞장서는구나
허무는 석양에 깊어만 가는데.

정거장

만남과 헤어짐이 교차하는
역사 대합실의 역무원이
여객 손님을 플랫홈으로
인도해준다

기적 소리와 함께 열차가 멈춘다
내리는 손님은
가슴에 무얼 새겨서 가져올까

타는 손님에 마음 가방에는
어떤 색갈이 들어있을까
목적지에 도착하면
무엇을 가져오고
어떤 색깔일까를
보따리를 풀 것이다

쇼핑마트 물건처럼
보이는 건 아니지만
마음 가방을 열면
함박웃음이 연지곤지

단장하고 나서고
한편에 움츠리고 있는
굳은 소식이
얼굴 찡그리며 나오네
인생 정거장이 준이야기는
어쩌면 우리들 이야기일거다.

1부. 그리운 고향_**박영춘**

여보 미안해

흙냄새인가 땀 냄새인가
한줌 바람이라도 불어주면 좋으련만

숨이 컥컥 막히는 밭이랑에
김매느라 고운 손 더덕 되어

허리다리 숨 쉴 때 산비둘기
님 잃고 구욱구욱 슬피 울면

친정엄마 생각하며 석양을 짊어지고
땅거미와 함께 대문을 들어선 당신

꽃같이 고운 얼굴 들일 속에 거칠어가고
홀몸 아닌 무거운 몸 들일에 내던지고
큰며느리 무거운 자리 지켜온 당신

낭군 믿은 시집생활 밀려오는 농사일에
무지개 꿈은 사라지고 옥구슬 고운 몸은
고생 속에 맺힌 이슬 조석으로 소매만 젖네

남아있는 그림은 찬란함을 잃어가고
붉은 석양 서너 발 남짓 시계바늘 원망하며
초라한 사진 한 장 보상으로 남아있다.

아버지가 찾아온 곳

동짓달 스무엿샛날
여수에서 손자 보고 싶다고
인천 가는 버스에 마음을 싣고
올랐으리라

아버지 보고 있나요
어머니가 손자 보고 싶어서
돌잔치에 온다네요

아버지
먼저 가지 않았으면 두루마기 한복에 댓님치고
머리엔 멋진 중절모 살짝 비켜 쓰고
어머니하고 같이 주름사이 꽃웃음 피우며
문 열고 들어올 텐데…

아버지 나뭇가지 사이를 지난 햇살이
화단 앞에 아지랑이 내리고 있네요
계신 곳 임실에도 양지바르니
융단 같은 뽀얀 잔디에 팔랑이며 내리겠지요

어둠이 까맣게 덮어 내리는 밤이면
등 시린 어머니 곁에 와서 놀다 가시고
어깨손발 주물러 주고하세요
아버지 오늘 달재녀석 아들 돌이래요
어머니하고 같이 다녀가셔요

명도 복도 보따리 채 풀어서
자식도 손자들에게도
듬뿍듬뿍 퍼주고 어머니 다리가 아프다요
어머니 다리도 주물러드리고 가세요

동짓달 긴긴밤 어머니 방에는
불이 꺼지지 않는 밤이 많은데.

당신의 미소

바람 소리에 더 추워
담벼락에 기대 있으니
해님이 방긋 웃으며
따뜻함을 가져다준다

골목길을 돌아서면서
미소 짓던 해님은 높은 빌딩이
빼앗아가고 귀가 아려오는
삭풍이 마중 나온다

뿌리칠 수 없는 네가 찾아오니
해님 같은 정겨운 미소는 아니지만
손을 호호 불며
총총걸음으로 답을 보내고
흘러내리는 이슬방울로 대신한다

우리는 모두가 어두운 골목길에 흘릴
을씨년스런 미소보다
다정하고 님의 가슴처럼
따뜻함이 서려있는

다정한 사람들이 뿜어내는 미소로
다음세대 후손들에게
마음속에서 웃는 얼굴로
그려내는 참된 진주로 빚고
보석처럼 다듬어
우리마음 창고에 두고

상처 난 가슴에
상록수로 심자꾸나.

2부. 새벽 수채화

새벽 수채화

산 그림자가 어스름을 뒤집어쓰고
강물위에 한가로이 누워있다

휘영청 월광은 들녘을 지나
야산자락 잔솔밭 산새들 보금자리에
시냇가 징검다리에 은빛가루를 뿌려놓고

훤한 얼굴 달님은
철탑 전기선 위에 졸고 있다가
건너 마을 개 짖는 소리에
화들짝 놀래서 잿빛 구름 속으로 숨어버리고

동네 어귀를 지나
여명을 마중 나가는 기러기 떼가
동녘하늘에 신의 작품이련가
수채화가 되었네.

거울

어느 때인가
방에 나를 바라보는 거울이
나를 빤히 쳐다보고
멀리 달려 가버린 젊음을 붙잡지 못해
한숨을 진다

덧없이 흘러가버린 미운 세월은
작은 미련이라도 하나쯤
남겨두지 않고 앞만 보고 달려가는 구나

거울 뒤에 숨어있는 내면의 세계에는
화려했던 젊음이 웃고 있는데
바라보는 얼굴이 많이 일그러져 보인다

거울 속에서 인생무상 이라는 글귀가
가을을 일러주며
서서히 내 가슴에 젖어든다
편집을 모르는 거울은
저물어가는 가을을
거울에 비춰주네.

보이지 않는 거울

숨 가쁘게 회오리치던 세월이
까마득한 지평선을 찾아가고 있다
잠시 적막 속에서 나를 돌아보니
달려가는 시계 속에서는 나를 비춰 보인다

진초록 세월은 흔적을 감추고 넘치는 광렴도
빛이 발해서 잿빛 어둠속에 서 있는 나를 비춘다

잠시 내 마음을 쳐다보니 거울 속에는
보이지 않고 꿈 많은 지난날이 환상으로
손짓하고 그곳에 머물게 한다

수많은 사진은 활동사진으로 보여주지만
남은 세월은 보이지 않는 거울로 나를 바라본다
생명은 원하는 맹인의 외침인가
광활한 대지를 달리는 야생마를 닮은
백설 속에서 생명의 틈을 내미는 보리 새싹처럼
폭포 속을 오르는 물고기처럼 진실을 비춰다오
그러나 진실을 외면하지 않는 너가 좋구나.

부메랑

연둣빛 푸름으로 온통 덮어버린 따스한 봄날
옥구공원 수로 옆 곱게 자란 소나무
이리저리 매력 있게 구워 자란 소나무는
매서운 삭풍과 싸우다가
한풀 꺾인 엄마바람 포근히 안고서
오는 이 가는 이 솔향기 풍겨주네

아무도 찾지 않던 지난겨울
이제는 봄나물 아낙 손길 보기 좋구나
막 움을 내민 마른 가지에
이름 모를 새들이 포르릉
봄을 알려주고 뿌려주네

옥구공원 수로 옆에 앉아있는 나는
자연의 위대함에 감사하고
얼어있는 마음을 녹이고 있다.

삶이 준 웃음

오직, 태양을 쳐다본다

꽃피는 고운시절을 혹독한 겨울 속에서
호호 손 비비고
비바람 태풍을 온몸으로 받아가며
그래도 풍성한 가을을 그리며
살아온 세월

꽃방석에 앉아보기를 애절히 원했지만
지금껏 끌고 온 수레는
값진 보석도 아닌 무겁고
값없는 백지 뭉텅이
동녘 산 너머 여명이 웃어준다
태양은 너를 웃게 해준다고.

구름이고 싶다

일을 다 마치고
세상을 안고 잠을 청한다

오늘일이 매끄럽게 되었는지
헝클어진 실타래를 고치고
몇 번을 지웠다

다시 정리를 해본다
생각은 꼬리를 물고 가다가 잠이든다
풀리지 않는 문제를 싸들고
일터로 향하고 전후 상하 좌우가
위협하는 일터로 뛰어든다

아 시계추가 되어버린 나의일상
이것이 내가 사는 방법이고 정의라면
차라리 구름이고 싶어진다

어렵사리 찾아온 귀한 봄을 앞에 두고
번뇌가 갈팡질팡 갈 길이 흐릿하구나
봄이 무르익는 일터에서
발길은 해변으로 향한다.

돌아와요

돌아와요 뒷모습이 역겨워요
억새꽃 눈이 되어 외로운 가슴에 쌓여요
밤이면 달님 불러 님에 소식 수소문해요
가로등은 어둠을 부르는데 님은 가고
차가운 바람에 낙엽만 빈 가슴에
채곡히 쌓여갑니다

무엇을 잘못 했나요 왜 우리 사이에는
서로를 바라볼 수 없는 건지
우리한번 생각해 봐요
조금만 한 발짝 뒤로 간다면
옛날 그 시절 불러올 수 있는데
왜 말이 없나요 그리움은 쌓여만 가는데.

반가운 계절

청록색 잎사귀가 한증막 무더위와
한 달여 싸우다가
북서풍 따라 찾아온 백로절기에
청의는 추우(秋雨)따라 날려 보내고
높은 하늘 쳐다보며 천자만홍(千紫萬紅)준비하네

적막은 울타리 넘어 빈 마당에
갈색 가을을 손잡고 내려와
빨간 고추위에 가을을 뿌리는 구나

장독대 옆 대추나무는 수줍은 듯
연초록 빛 열매를 햇살에 맡기어
토실하고 예쁘게 다듬어가고

울타리 옆 가장자리에는
결실을 축하하는 적.백.홍 코스모스가
축하화환을 준비하는 가을풍경이
벼가 익어가는 시골에
토색 짙은 추상(秋像)으로 자리한다.

사라져간 꿈

새소리 멜로디 뒤에
청춘이라 미소 짓고
이웃가지에 정겨움은
송글송글 맺히는구나

폭서에도 좋은 시간 꽃피고 열매 맺어
다가오는 갈 잔치 풍성이 차렸는데
어느덧 나도 몰래 나목으로 변하는구나

지난날 즐거움도 화려한 꿈도
처마 끝에 낙수 물처럼 떨어지는구나

먼동을 앞세우고 새날 속에
해 떠오르는데 무심한 세월만이
뒤돌아보지 않고 달려간다.

선과 악

연초록빛은 밝은 빛을 안고
강건한 진초록을 토해낸다

까만 밤이 몇 번을 휘몰아치고
거센 폭풍우에 시달린 감람나무

백설을 겉입어 세상에 비추니
마음은 청결한 송엽이련만

그곳에 공존하고자 애써 훼방을 앞세우네
육을 떠나 평안의 영을 사모하지만

밝음도 어둠도 공존하니
살구나무 지팡이에 구원의 빛이
광풍을 불러 육이 시드니

감람나무 열매는 향기를 품어내고
하늘에는 일곱 무지개가 찬란하다.

어제 그리고 다음

가는 길이 힘들구나
환상이었나
작열하는 태양처럼 이글거림은
길거리 구세군 방울소리가
기울여가는 그믐달 속에
소리 없이 묻혀
형태가 살아지는구나

거리에 가로등 불빛은
암흑의 세계를 광명으로
애써 바꾸려하지만
몸부림으로 저물어가는
송년 모임 속으로 파묻혀 버린다

속절없이 흘러간 세월은
작열이 불타는 꿈을
무자비하게 짓밟고 신년회로 달려간다
깜깜해진 어둠이 지나가면
어떤 꿈이 나를 부를까.

욕망의 부산물

너를 나의 성취 틀 안에 넣기 위해
부지런히 쫓아간다
달리고 또 달리고
푸른 옷 벗어 나목이 되도록

한순간 사라지는 무지개를 쫓아
달리고 달리지만
채워지지 않는 욕망

땀을 닦고 앞을 보니
황혼이 마중 나와 있네
돌아서 뒤돌아보니
굽이굽이 욕망의 여로구나

못다 채운 욕망의 항아리에는
잿빛 허무만 가득하네
쓰레기 같은 욕망은 나를 상하게 하는구나.

고운 꿈은 사라지고

색동저고리 분홍치마에
연지곤지 꽃 신발신고 나를 따라 살아온 삶

호미자루 땀방울로 원앙 꿈은 사라지고
한숨소리 속으로 감추고

비단금침에 호의호식 꿈꾸었네
살아온 길 뒤돌아보니 오수에 꿈이런가

보일 듯 말듯 아득하고 먼 세월
부른다고 오겠는가
찾아간들 반겨주겠는가

거울 속에 낯선 얼굴 누구냐 한숨짓네
아, 가버린 야속한 세월이여.

나그네가 본 해변카페

발길이 삼척 투썸 커피향이 유혹으로 멈춘다
젊음이 하나 둘 모여 추억 담긴 책갈피가
한 장 두 장 떠다닌다
이야기꽃들은 바통을 이어받아
카페공간에 연기처럼 피어오르고
고운 얼굴에 미소들은 시간을 정지시켜버린다

몇 걸음 밖을 나서면 쏴~쏴 밀려왔다
밀려가는 파도가 야간 정취를 더하고
낭만은 네온과 함께 어둠속에서
수채화로 잉태하는구나

잔잔히 흘러나오는 음악이
선남선녀들의 가슴에 젖어들고
이따금 호호 깔깔 웃음은 음악과 함께
분위기를 더하는 해변카페가
나에게 걸맞지 않게 이색적으로 와 닿는다

젊음이 살아 숨 쉬는 해변카페는
내 가슴에 아름다운 그림을 수 놓아주고
이국적인 풍취로 안겨오는 해변의 밤
카페는 또 하나의 추억수첩으로 인쇄된다.

도시가 가져간 고향

어느 사진앨범에서 나처럼 세월에 꼼짝없이
묶여서 끌려가는지 아니면 사각진방 벽에서
눈만 멀끔히 뜨고 매달려 있는지
어느 날 고향을 송두리째 밀어서
보일 듯 먼 하늘 저편동네 할머니 할아버지
모여 사는 곳으로 대나무 골목에 돌멩이 하나
인정 넘쳐나는 풍습까지 담아 갔구나

한 발짝 뒤를 돌아보면
석탄 먹고 달리는 증기기관차 기적소리가
산굽이 돌아온다고 꽥~소리 지르며
대나무 숲 골목에 떨어지면 열차 놓친다며
흰 고무신 발바닥이 아프도록 뛰어간다

잃어버린 고향을 담고 있는 너 안에는
기억 저편에 스멀스멀 떠오르는 동심이 깨어난다
말없는 너를 언제고 만나서 이야기보따리 풀어
술 한 잔 흘려볼까 흑백으로 백발을 훔쳐 먹은
빛바랜 너는 전형적인 엄마가 되어 나를 부르고
도시가 가져간 정겨운 내 고향은
사각 속 사진으로 홀로 외롭구나.

동송춘래(冬送春來)

짙은 구름 지나가며 눈물을 흘린 뒤
밝은 해가 무지개로 피눈물을 닦네
웃음이 찾아오니 만물이 기뻐하는데

어제 불던 폭풍은 기세가 드높이고
갑론을박 쟁탈에 초록 잎은 생기를 잃고
불어오는 봄바람이 방향 잃을까 걱정하네

나목에 움이 트니 희망이 줄을 서고
무지개는 높은 곳에 오색을 토해내니
초목이 무성하고 가축도 배부르네

평안이 주인 되고 불안이 도망치니
어즈버 명리는 대궐에서 빛나고
지혜는 청산에서 춤추더라.

개구리 소나타

적막이 깊은 수렁에 빠져드는 산골 마을에
별님달님 초대하여
개구리 맹꽁이 신나는 사랑 합주곡이
개굴개굴 맹꽁 맹꽁
이분음표 높은음자리 잘도 불러댄다

깊어가는 한밤중 산골마을 논에는
별님 달님 모두 불러 노래자랑
한바탕 멜로디가 장관으로 펼쳐진다

내 마음 온통 다 삼키고
청각 신경은 관람객으로 자리한다

초승달 같은 논다랑이는
한바탕 축제 속에 밤새는 줄 모르고
오늘도 내일도 우리인생 희로애락
깨달음에 저울 되서 자연이 주는 만큼
심장에 거울 되어 유정으로 가련다.

상처 난 무궁화

무궁화 예쁜 동산에
옛것으로 맑은 물 흘러흘러
만인 만생에 웃음이 흘렀건만
높은 산을 선망으로 시야를 흐린 위정자들
날선 칼 황금의자 초야에 비추오니
하나를 하나로 아는 어린 새싹 중심 잃고
중심에서 울리는 북소리는 고성이음으로
귓가에 가장되어 덮어오니
화려하던 꽃단장은 삭풍 속에 회오리친다
강산에 청렴한 건송들이 걱정일세
대지가 오염되니 뿌리가 곤고하겠네
한 가닥 건강한 하늬바람 불어와서
상처 입은 푸른 강산 기쁜 노래로 덮어다오.

얼룩진 태극기

하얀 백지가 내손을 붙잡는다
속세에 멍든 자욱 빛바랜 상처
비바람 광풍에 이슬방울 얼룩에
찢기고 할퀴어 휴지통에서 비명소리 들리네

청록색 녹음 속에 불볕은 여름이다
천자만홍 기암괴석 변할 수 없고
나목 위를 그냥 지날까 목화송이 뿌리고
대지가 꿈틀대니 입춘이 피켓을 드네

자연을 거슬리는 너를 징계 한다고
길손들 오가면서 강산이 흐리구나
홍수는 때가되어 개벽이 기다리고
애국영령 호국지사 지필묵을 건네준다.

오후 3시

초록빛 희망 넘친 옷을 입고
두 팔은 근육질로 우람차게 활갯짓하던
아침 6시 나팔소리에 기상 넘치며
높은 하늘 독수리 같던 9시를 향하는 것은
눈 깜빡할 사이 너도 나도 모르는 사이
정오를 알리는 사이렌 소리가 들린다

힘겨운 살림살이가 나도 몰래 살점이 붙었구나
생각하는 순간 오후 3시에 와있네
바람 같은 세월 똑같이 주어진 시간에
육상경기처럼 달려온 숨 가쁜 시간들

한숨 쉬며 서녘하늘 쳐다보니
고달픈 시간 속에 못 다한 일들이
잿빛창공에 부옇게 쌓여서 허무를 알려준다

어느덧 3시를 지나 6시
황혼은 아름답게 우리를 찾아오겠지
무지개도 사라지고
황혼은 어둠속으로 밀려서가네.

오늘은 내일을 낳고

어제는 오늘을 기다렸고
그제는 어제를 낳고
오늘은 아무도 모르는
내일을 순산하겠지

시계바늘 소리는 부지런히 내일을 만들고
또 내일은 어제의 과거 창고에
쌓이고 또 쌓여서 백년 후 천년 후

오늘을 만들어줄 내일들에게
지워지지 않는 공로상으로 길이길이 남아서
오고가는 눈길마다 추상의 대상이 되어

세상이 보여준 모든 것을
시간 속에 가두어진 타임캡슐에
둥지 틀어 천년 만 년 뒤에
또 내일의 후손에게 바턴을 건네리라.

와음 속에 갇힌 고독

목야를 비집고 와음이 날갯짓을 하고 있다
외로움은 풍선처럼 팽창 되어가고
건너편 창가에는 불빛이 훤하다
쳐다보는 눈시울에는 엷은 외로움이
심장 깊숙이 짓누르며
소용돌이치는 허전함으로 변해간다

그래서 생각을 바꾸려 하지만
그럴수록 집요하게 심장 깊숙이
찾아드는 칼날 같은 너는 도대체 누구냐
이과수폭포처럼 끊임없이 도도하고 집요하게
가슴을 파고드는 것은 아직은 설익은
고독이 안방을 차지해서일까

내내 그치지 않고 울어대는 와음 속에
외로움이 쓰나미같이 밀려오고 고독은
밤을 뒤집어쓰고 깊은 수렁으로 빨려들고 만다
천천히 깊어가는 까만 밤을 헤치고
와음은 가슴에 살며시 잠자리를 편다
고운 이방인으로 받아들이기가 슬프다
외로움이 시야를 떠나 시간 속으로 빨려든다.

추상

적막한 돌담길 옆
작은 나뭇가지에 사뿐히 몸을 얹고
장승이 되었나보다

그 자리에 굳어버린 채
누구를 그렇게 기다리는지
다정하게 날갯짓하며 놀던 님을 기다리는가
지난날 개구쟁이 친구를 생각하는가

가끔씩 도리질하는 건
늦가을 창공 드높이 날아오르려 준비하는 건가
계절이 가져다준 허무함이

찾아오는 삭풍이 무서워 간혹
날개를 접었다 편다
바람이 매섭게 불자 어느새 자취를 감추고
시간이 멈춰버린다

그 자리엔 교훈의 여운을 묻어놓고
바람소리만 허무의 세계를 예시하면서
사색에 취해 버린다.

홀로 되신 어머니

초근목피 그 시절
굶주림을 참으며 자식들 굶기지 않으려
허리띠를 졸라매고 온갖 궂은일
힘든 일 가리지 않고 살아오신 어머니

남몰래 눈물적시며 지내오신 그 시절
지금은 굵은 주름살로 애달파지네
고생 흔적을 그려놓고 몸마저 노환으로
활동이 부실하여 심장이 가슴을 억누른다

타향에서 불효를 짊어 진채
살아가는 불효자는
후회가 샘물처럼 치밀어 옵니다
어머니, 아버지 먼저 보내시고
긴 밤 홀로 외로움에 가슴 적신지 오래인데
밤하늘에 별도 달도
어머니 생애가 애처로워 그리운데
동녘하늘에 먼동만 밝아오네.

향촌가(鄕村歌)

하얗게 분바르고 달님 데이트 속삭이네
남풍이 손님되어 구름타고 찾아오니
하이얀 분칠 이슬방울로 서서히 사라지고

밤마다 은빛거울 별님 노닐더니
갈대숲 잠자던 햇살이
한두 겹씩 빙지(氷紙)를 걷어내고
버들강아지 살랑바람 불러들여 갈대와 노닌다

진달래 모여 사는 남촌에서 부는 바람
아장아장 한발두발 잔디 위에 내리고
백의(白衣)를 벗어버린 보리새싹 미소 짓는
내가 살던 아랫녘 그곳에 가고 싶네.

태양

몸을 웅크리고 잿빛구름 거두기를
고사리 손에 주름 덮은 늙은이에 염원들
짊어지고 판문점 사랑방에 북소리 울리는데

태양은 구름 속에 보일 듯 숨어있고
육십구 번 지나도록 희망은 숨어있구나
하루에도 수십 번씩 그려보는 광명이여

개울물은 흐르다 강이 되어 만나는데
강산은 일곱 번씩 속절없이 변해도
그리움은 허물어진 모습조차 기별 없네

내일 다시 뜨는 해는 밝은 소식 소원이다
태극함성 광명아래 제주에서 백두까지
찬란하고 거룩하게 태양으로 덮으소서.

거두어가는 계절

스산한 바람소리에
은빛 가로등은 보내야할 계절을 붙잡고
아쉬워 울고 있고
초승달을 뚫고 지나가는
철새들도 황량한 들녘을
뒤로 뒤로 보내면서
어둠속으로 사라져가는 쓸쓸한 계절은
건넛마을 개 짖는 소리 속에
허무와 함께 달려간다

언제 그랬는가
넉넉한 계절 황금벌판
오색 옷 자랑 앞 다투어 피는 들국화
오가는 이 반겨주던 코스모스
그 모든 걸 시샘하다
빼앗아 가버린 절도의 계절이여
원망도 아쉬움도 속절없이
허탈을 안고 가버린 너를 미워한다
거둠이 있으면 주는 것도 있는 걸
너는 망각 했느냐

애타게 찾아도 보이지 않는 너는
언제쯤 황홀한 모습으로 내게 찾아오려나
혹한을 뚫고 뽀얀 봄을 이고
짙푸른 잎사귀 사이를 지나
푸른 옷 벗어던지고
자색 노랑 빨강색옷 갈아입고 찾아오려나
가는 길 멈추고 예약이나 하고 가소.

오뚝이

보라빛 무궁화 꽃에 거칠은 광풍이
할퀴고 지나간 자리 뒤에는
찢겨진 상처에 호된 입바람에 아픈 상처 싸매고
붉은 노을 야속타 노란 한숨에 꽃이슬이 맺힌 뒤
서산마루에 붉은색 물감으로 서러운 듯 아쉽게
물들여 놓고 붉다 못해 새빨간 여의주는
시커멓게 타버린 서산이 삼켜버린 뒤
못다 핀 꽃봉오리마다
여명의 정상에 활짝 핀 웃음 되어
맹세하고 굳게 믿어 밤 새어 울다가
모진 바람 지나간 뒤 찬란한 동녘에 붉은빛
용트림으로 홍화 만창 꿈을 빌고 또 빌었네

작은 가지 하나 둘 녹색희망 맺혔건만
사정없이 부는 삭풍에 꽃망울은 하나 둘씩
멍들어서 낙화 되네
아, 언제나 이 몸은 웃음 달고 춤출까

어둠은 지나고 이제 또 태양은 훤히 밝았는데
진달래와 종달새는 봄을 준다고
양지골 잔설에 햇살을 퍼붓는다

뽀오얀 봄소식 한아름 가지고
찢기고 할퀸 상처 붕대를 감고
메마른 대지에 무궁히 지지 않는
붉은색 무궁화로 생수가 넘치게 하소서.

파랑새

삭풍이 휘파람 치는 공원 가장자리에
마지막 남은 잎새
쓸쓸함을 애써 견디며
앙상한 뼈를 들어내고
모진 눈보라와 맞서 싸우네

언제나 찾아와 이야기보따리 풀고
지저귀던 새들은 어디로 갔는가
외로움에 떨다 지친 가지에는
어디에서 찾아왔는가
푸른 잎 입에 물고
가버린 계절을 돌려주었네
하루에도 두 세 번 씩 초록을 가져다주고
외로움을 치료해주곤 조용히 가네

앙상하던 가지에는 기쁨에 옷을 입고
하루하루를 봄기운으로 살아가네
외로움을 가져간 파랑새
네가 있어서 쓸쓸한 겨울은 따뜻했다

돌아오는 계절엔 무지갯빛 보금자리와
맛있는 열매로 보답할게
사랑을 뿌리고간 파랑새가
이젠 몇 시간만 보지 못해도
기다림에 젖어버리는
기다림을 먹고 사는 나무가 되어버렸네

네가 가져간 외로움은 이제 어느 곳에도 없고
기쁨만 가지가지에 주렁진다
내일도 파랑새는 나를 찾아오겠지
파랑새를 기다리는 나무는 말한다
너를 사랑한다고.

심령을 찾아온 칸타타

메리크리스마스
임마누엘로 세상에 오신
예수님의 탄생을 축하하는
양들의 축하송은 성전을 흔들고
잠자던 심령들을 경배의 자리로 인도한다

이윽고 하나님이 전하는 메세지가
기쁨으로 가슴 벅차오른다
눈시울은 아무도 모르게 충혈로 이글거린다

지극히 높은 곳에서는 하나님께 영광이요
땅에서는 하나님이 기뻐하신
사람들 중에 평화로다

이 말씀이 명언이요 성필이로다
이 말씀이 성언이로다
평화가 머물게 하소서
이 땅에 머물게 하소서
무릎 꿇고 경배경배 합니다
내내 영광 홀로 받으시옵소서
칸타타로 찾아오신 예수님께 경배합니다.

햇살과 바람의 율동

초록 잎사귀들의 율동위에
햇살이 훌쩍 내려와
솜털신발에 부르스 율동 따라
이리 저리 흔들댄다

한적함이 잠자는 아파트 공원에서
이 가지 저 가지 후륵후륵
참새들이 뛰어 들어
신나는 춤 파티가 시작되네

햇살은 긴치마 끌고
잎사귀마다 입 맞춰 흔들대고
리듬 따라 율동한다

내가 사는 아파트 쉼터는
세상에 시달린 찢겨진 상처를
치료하고 쉬게 하는 안락의자요

초록세상 쉼터로 찾는 이의 몸과 마음을
다독여 주는 요람으로 돌장승 되어서
가슴속에 따뜻한 감사 열매를 맺어라.

여름에 맺은 사랑

갯바람 솔바람 따라
우연히 만난사람
마음 한구석에 조용히 자리 잡고
이 계절이 되면 찾아와
노을빛 같은 고운 수를 놓아
아름다운 모습으로
내 곁에 가까이 와있네

이 계절이 바뀌면
다가오는 아름다운 추억이
가을을 받아드리기가 두려워
내 곁에 서성이고
초승달이 몇 번 바뀌고
눈 내리는 겨울을 보내고
개나리 꽃봉오리 맺힐 때
청바지 반팔소매 차려입고

모래사장 거닐고
작열하는 태양을 피해
방풍림 아래서 추억을 만들던

옛 님은 보이지 않고
파도만 철썩이네
지금은 어느 곳에서
행복하게 살고 있을까
바라보는 수평선 노을이
추억만큼 아름답다.

정류장

진눈개비가 쉼 없이 내리는
시골길 버스정류장

오가는 사람도 없다
인적은 끊긴지 오래다

어쩌다 승용차가
하나씩 엉금 대며 지나간다

낙엽은 마지막을 고하고
바람 속에 뒹굴어 구석진 곳에 모인다

시커먼 구름이 지나면서
나뭇가지마다 흰옷을 갈아입힌다

가슴마저 차가워진 날씨에
텅 빈 정류장을 바라보니

세월의 수레 바뀌는 속도감을 잊었는가
종착역이 가까운 줄 모르고 달리는구나

아무도 찾아오지 않는
쓸쓸함을 짊어진 정류장이

노을을 바라보며 지나간 시절을
그려보다 땅거미가 찾아드니

텅 빈 버스에 몸을 내맡기며
평안이 기다리는 쉴 곳으로 향하는 구나

이것이 정류장을 바라보는
우리들의 기약 없는 기다림인 것을...

중추

가을의 한복판에
탐스럽게 빛나는 밤알맹이 마다
선 듯 시골길 후미진 계곡 야산 언저리에
밤나무 군락지가 나를 부른다

반짝 반짝 탐스러운 밤알맹이
낙엽 밑에 예쁜 얼굴 살며시 내민 네가
가을 산속 시원한 바람과 함께 낙엽위에
뒹굴다가 다람쥐 산새 그리워 별빛을 뿌려놓고
산새들 들짐승에 미태를 자랑한다

들녘은 노란 황금물결 가을 색을 칠하고
시골도로 길이 코스모스를 토해내면
텅비어버린 들녘은 허수아비 홀로
깊어가는 가을을 배웅하는 낭만이

낙엽이 눈같이 내리는 늦은 가을
텅 빈 논 들녘 한복판에 자리를 펴주는 느낌으로
왠지 센티해지는 계절
자연이 주는 명령에 순종하는 본능인가

노란 은행 단풍이 나폴 나폴 흐느적이며 내리는
길가 주막에는 막걸리 한잔이 낙엽을 안주삼고
강가에 거울은 노을을 노래하고 보이지 않는
삭풍은 귀뚜라미 멜로디로 깊어가는
가을여행으로 아, 너는 가겠지만 꿈꾸는 나는
너와 함께 이렇게 그 자리에 있고파라
너를 잡지 못하는 아, 가을이여.

까치설날

때때옷 동심은 골목길에 깔깔거리고
음식상 앞치마 손길은 이리 저리 분주 하구나
아이들 연 날리기에 신바람이 앞장서고
방패연 벌 소리는 창공에서 울어댄다

절구통에 인절미 떡방아 소리 즐겁고
생선 굽는 냄새는 토담너머 살랑댄다
때때옷 좋아서 머리 맡에 고이 두어
잠을 설치던 그 시절이 수채화로 피어난다

때때옷 차려입고 세배 예를 드리면
세배 돈 기다리는 고사리 손길 예쁘다
할아버지 덕담은 때때옷 위로 흐르고

떡국은 먹는 둥 마는 둥
바람 부는 논둑으로 연 날리며 깔깔대는
웃음소리에 멍멍개가 꼬리치고 새 옷에 새 신발
자랑하는 설 풍경은 60년대 빛바랜
사진으로 다가온다.

설교에 피어난 꽃

고요가 깨어지고
찬송이 장막을 덮어버린다

항상 그러듯이 하나님을 향한 목사님의 기도는
조용한 장내에 예배드리기를 기뻐하는 영혼들을
영혼들을 고개 숙이게 한다

설교는 장내에 말씀들로 둥실 떠다니고
성도들 입술에는 감동된 외침으로
할렐루야 아멘으로 장내를 덮으니

메마른 가지에 생기가 돋아나고
주님의 영광이 회당에 가득하네
말씀으로 눈 밝히고 성령이 주신 감사기도는
눈가에 이슬 되어 떨어지네

여물지 않은 곡식은 알곡으로 결실되니
황금빛으로 여물어가는 귀한 역사가
다음 주일 예배를 기다리게 하네.

햇살이 놀다간 자리

아직은 가을을 보내기 아쉬워
화단 한편에 초록을 머리에 무겁게 쓰고
풀죽은 모습으로 서 있는

너는 간밤에 무서리
그렇게 뒤집어쓰고서도
초록 옷을 벗기가 싫은가보다

이슥고 포근한 햇살이 보기가 애처로웠던지
화단 옆으로 와서 곁에 검은 그림자를 밀어낸다

기지개를 켜며
두 다리를 쭈욱 뻗던 강아지가
장독대에 피어오른 아지랑이와
꼬리 물기를 하고 빨래 간지대가 서 있는
마당에는 따스한 햇살이 강아지와 함께 뒹굴다가
집 그림자 미워서 살며시 가버린다

장독대 아지랑이도 집 그림자 속에
살아지고 이내 따스함을 보낸 강아지는
허공을 향해 아쉬움을 토해낸다.

낙엽의 미소

낙엽은 세월을 저주하며
나목 뒤에 숨어서 투덜댄다
나를 업고 무더위를 피하며
온갖 풍상 같이했는데
동장군 두렵다고 애써 떠미는 구나
차가운 땅위를 휩쓰는 바람에
쭈그러진 잎사귀로 어느 응달진 곳에
자리 잡고 삭풍과 싸우다
소리 없이 흔적 없이 사라질 운명
하얀 무서리와 함께 백설이 난무하면
우리의 이름도 무명으로 사라질 텐데
힘들었지만 화려했던 지난여름이여
그래도 천자만홍으로 불러주는
색안경들이 있어
초라한 가을은 면했네.

나를 들여다보며

마음속에 세상을 걸어가는 방랑자가 있다
해가 떠오름을 보고 달이 기움을 보고
새싹이 땅을 밀고 올라옴을 보고
낙엽이 떨어짐을 보고 흰 눈이 어두운 대지를
하얀빛으로 바꾸는 자연의 변화도 보며
위대한 자연 앞에 고개를 숙여본다

내 가슴에 소각 통을 두어 불의한 마음이
나를 유혹하면 정의로운 회초리로 소각 통에
던지고 진노 심을 다스리지 못하는 자제력이
나를 해친다면 이글대는 용광로에
미련의 끈을 풀고 던져 버리자

세상을 쉽게 보고 덤벙대는 교만이
내 얼굴에 흙탕물을 칠한다면
후회하지 말고 가슴깊이 자리 잡은
겸손의 회초리로 소각 통에 밀어 넣자
나에게 웃을 수 있는 즐거움을 빼앗는 곳에서
등 돌리는 지혜를 앞세우고
지금 살아가는 환경에 만족한다는 생각을
밀어내는 욕심이 있다면

뜬구름을 잡으려는 것과 일반이니
그릇된 욕심도 용광로에 던지고
초심으로 돌아가 무거운 짐 벗듯이
마음을 비우고 살아가자 하네

남의 밥에 재 뿌리며 가진 자를 시기하고
세상을 쓸고 닦는 미화원을 힘들게 하고
법망의 허술함을 찾아 온갖 잔꾀와 술수를
앞세우며 나라를 갉아먹고 민초를 괴롭히는
무거운 관 쓰고 사는 철면피 족은 세상에서
주민등록을 이전하고 지구에서 추방하라 한다
그 흔적을 모래사장에 던져 파도로 다림질하고
기억에서 소멸하자 한다

선함을 옷 입고 의로움으로 날개 달아
법이 없는 듯 현실에 만족하며 남의 잘됨을
축복하고 슬픔이 문을 두드리면 위로와 사랑으로
감싸주고 배고픈 이웃에게 시장기를
잊게 해주는 이웃이 많았으면 한다

우리들 사는 세상 행복뉴스가 범람하고
인정 꽃이 만발하며 평안과 안락이 영원히
지지 않는 태양이 되기를 소망하라 서민들 사는
세상에 천국 같은 유토피아가 되었으면 한다
이 소망이 마음이 따스한 모든 분에게서
꺼지지 않는 세상에 등대가 되었으면 한다.

가을 편지

갈바람이 감나무 이파리에 앉아서
부지런히 색칠을 하고
해님은 날카로운 빛으로
밤송이를 쪼개는구나

건너편 들녘은 지난밤 달님이
황금빛 노란 물감을 뿌려놓았는가

사뿐히 부는 바람에 노란 은행나무 잎이
예쁜 얼굴을 흔들어 주며
산들 바람 붙잡고 도란거리며 이야기를 건넨다

이렇듯 좋은 계절인데
친구와 얼굴 비비고 좀 더 있다 내려갈게
소슬바람이 지나면서
추위가 지나면 삼층친구 오층친구
노란 몸단장하고 다함께 만나겠네

친구여 내년 봄에는 연초록 물감을
가져올게 기다려…

만추

옷깃을 스치는 스산한 바람이
길 가장자리에 피어있는 코스모스 꽃에
입맞춤 하려다 호되게 얻어맞고
건너편 상수리나무에 분풀이 하려고
마구 흔들어 주네
상수리열매는 고맙다하며
땅 냄새가 그리워 또르르 굴러가다가
논두렁 가장자리에 멈추었다

시골마을 어귀에 가을그림은 오곡을 거두는
추수의 계절로 바꾸고
하나 둘 비어져가는 들녘은
홀로된 내 마음에 센티하게 찾아와
만추(滿秋)를 알려 주네

비워지는 쓸쓸함과 마주하며
넉넉한 가을을 안주삼고
막걸리와 친구삼고 만추에 취해본다
이런 낭만이 나를
만추로 치닫는 열차에 오르게 한다.

내 마음이 가는 곳

명상이 살며시
아침 창문 앞에서
까만 나뭇가지 사이를 뚫고
붉은 햇살을 한가득 담아서
텅 비어버린 그릇위에
소담스레 찾아든다

거친 파도를 가르며 달려갈까
순풍에 돛을 달까
동행은 희망봉에 가는 길을
선두로 나를 잡아당긴다

눈을 들어 밖을 보니
전신주에 휘파람 삭풍이 우는데
못다 뿌린 정은 갈 길을 재촉하네

반겨주는 고향 길은 되지못해도
억겁에 팔순세월을 얼굴에 바르고 사는
사랑하는 홀어머니가

명상 끝자락에서
나를 부르고 계신다
자나 깨나 걱정 보따리
비오는 날 애쓰시는 어머니가
나를 찾는다

손등에 굵은 주름
곱던 흑단 백발로 갈아입고
어제같이 꽃다운 시절
가버린 세월 미워서
동짓달 긴 밤을
베개 이슬로 친구하다가
님을 부르며
애써 즐거움을 찾아
살아가는 어머니를 찾아간다.

장승이 된 기다림

망부석 같은 마음으로
학의 목이 되어버린 나를 본다
속절없이 지나가는 시계를 원망하겠는가

아름다운 양귀비에 비교하려나
목소리는 천상 선녀 옥음이구나
향기를 간직한 채 긴 세월 침묵하다

아름다운 꽃 망우리를 내민 너를 연민한다
보이지 않는 거울을 보며 무상의 너에게
아가페 하트를 보낸다

하이얀 네 모습을 기다렸다
보고 싶었다 무언의 입놀림
네 모습이 보고 싶었다.

모닥불

어느 때인가 추웠던 겨울
삶을 외면하지 못할 생활 터로 행한다
깜깜한 새벽길을 나서 모임 터에 오면
붉은 혓바닥 널름거리며 훨훨 거리는
모닥불 너를 보며 추워진 손발을 내밀어본다

언 몸과 마음을 스르르 녹여 주는 것은
너 만한 이 또 있을까
이 모양 저 모양 화재거리 바 톤이 되면
어느새 작업을 위한 안전 체조 모임 터를 향해
총총 걸음으로 하루가 문을 연다

네가 있기에 활력이 붙고 네가 있기에
작업에 움직임이 휘파람 친다
어울려 사는 세상의 아름다운 풍경이
모닥불 속에서 작은 사랑에 꽃망울이 맺힌다
이런 풍경이 너를
그리운 계절에 초대 하는가보다.

내 마음 중심에 있는 생명

조용히 내 마음을 노크하는 분
시시 때때로 마음 한구석에서
다정한 목소리로 찾아오는

말하지 않아도 가슴 깊은 곳에서
해맑은 미소로 나를 부르는 사람
내 마음 알기나한 듯
저녁은 맛있는 것 먹으로 가요
뼛속 파고드는 추위도 아닌데
따뜻하게 입으세요
안전운전 하세요

마음의 중심에서
행복의 좌표로 자리 잡고 있는 사람
어두운 밤 갈 길을 인도하는 등대 이련가
불 꺼진 마음에 촛불이련가

어느새 그 사람은 내 마음에
없어서는 안 될 사랑의 생명으로
또 내 앞에서 행복한 모습으로

가는 길에 발 맞춰주고
위로와 격려로 리듬을 맞춘다

나는 오직 당신으로 인해
살아가는 것이 즐겁다
또 따뜻함으로 공존하며
둘만의 유토피아를 만들자
진실 된 사랑으로.

그리운 고향

초판인쇄 | 2017년 04월 30일
지은이 | 박영춘 **펴낸이** | 윤기영 **편집인** | 정설연
펴낸곳 | 도서출판 노트북 **등록** | 제305-2012-000048호
주소 | 서울시 동대문구 사가정로 256-4 나동 101호
전화 | 070-8887-8233 **팩스** | 02-844-5756 **H.P** | 010-8263-8233
이메일 | hdpoem55@hanmail.net

ISBN 978-89-92687-91-1-03810
정 가 10.000원

한국 현대시[韓國現代詩]
한국 현대 문학[韓國現代文學]

811.7-KDC6
895.715-DDC23 CIP2017007380